현용기록물 관리체계의 재구성 : 업무편람

Restructuring Current Records Systems: A Procedures Manual

고 선 미 역 | 한국국가기록연구원 감수

진리탐구

발간사

　지금으로부터 6년 전 한국국가기록연구원이 출범하였다. 지난 시간을 회고해보면 아쉬움도 있고 또 앞으로 해야 할 일도 산적해 있다. 그러나 한편으로는 나름대로의 뿌듯함을 느끼기도 한다. 시민기록문화전, 기록문화 시민강좌 개설, 심포지엄, 기록문화상 제정, 한국기록학회 조직, 월례발표회, 한국기록관리학교육원 개원 등등, 모두가 우리의 기록문화 발전에 초석이 될 것임은 분명하다.

　연구원의 출범과도 무관치 않지만 우리의 기록문화에 또 하나의 이정표라고 할 수 있는 것은 기록물관리법령의 제정이다. 법령의 제정으로 이제 우리도 근대적 기록관리체제에 들어갔다고 말할 수 있게 되었다. 그러나 법령의 제정이 바로 실시로 이어지지는 않는다. 죽어 있는 법령이 얼마나 많은가. 새로운 법령이 제정되면 이에는 크고 작은 '저항과 편승'이 있기 마련이다. 새로운 기록관리법령에 대한 '저항'은 현재 법령상 존재해야할 자료관의 설치 실태만을 보아도 잘 알 수 있다. 새로운 법령에는 공공기록물은 전문가(기록물관리전문요원, 아키비스트)가 관리하게 되어 있고 이들 전문가의 자격 요건도 규정되어 있다. 이에 몇 년도 안된 사이에 많은 대학에서 기록관리학 대학원과정이 신설되었다. 물론 모두가 기록관리분야 전반을 위해서는 발전적인 변화이다. 그러나 그 내실을 보면, 즉 교수, 교재, 참고도서, 실습실 등의 면에서 보면 부실하기 짝이 없는 경우도 있다. 이는 새로운 법령에 대한 '편승'이라고 할 수 있다.

　그러나 '저항과 편승'을 탓하고만 있을 수는 없다. 사실 '저항과 편승'의 가장 큰 원인은 기록관리에 대한 이해의 부족일 것이다. 이를 위해 연구원은 과감히 ICA 총서시리즈를 번역하기로 결정하였다. 단순한 번역은 아니다. 권수로도 30권이 넘는다. 양도 양이거니와 여러 사람이 나누어 번역할 수밖에 없기에 통일성을 기하기가 무척 어려우리라 예상된다. 그럼에도 불구하고 한국 기록관리학의 기초를 놓는다는 심정으로 번역을 시작하였다.

　본 총서시리즈는 국제기록관리재단(International Records Management Trust)과 ICA에서 공동으로 추진한 결과물로, 국제적으로 널리 이용될 수 있는 최선의 기록관리 업무 방식 도출을 목적으로 하였다. 또한 기록관리 전문가 외에도 체계적으로 기록학에 접근하지 못했던 사람들에게 학습모듈을 제공하려는 의도에서 만들어졌다. 이 때문에 기록관리시스템이 불충분하거나 적절한 기록관리 교재와 교육인프라가 결핍된 국가에게는 유용한 교재가 될 것이다.

기록관리 분야의 실무와 학문이 발전일로에 있는 우리 나라에서도 이 교재의 보급이 시급함은 물론이다. 앞으로 이 학습교재가 공공부문의 기록관리전문가를 위해서 뿐만 아니라 민간부문에서도, 그리고 아키비스트의 업무능력과 전문성을 높이는 데에서도 널리 활용되기를 바란다.

본인은 2000년 9월, 연구원을 대표하여 스페인 세빌리아에서 개최된 ICA총회에 참석하였다. 회의 규모의 크기에도 놀랐지만 개최국의 선진적 기록관리 및 보존에도 놀랐다. 아시아에서는 유일하게 1996년 중국의 북경에서 개최되었다고 하니 중국의 문화적 깊이를 보여주는 듯하다. 한국의 서울에서 ICA총회가 열릴 기록관리 선진국을 기대하며, 본 역서가 그런 기대에 일조하기를 바라마지 않는다.

본 역서를 내면서 감사드려야 할 분들이 있다. 먼저 한국국가기록연구원의 참뜻을 이해하여 저작권에 대한 비용을 과감히 포기해준 ICA 관계자 여러분들에게 감사의 뜻을 표하고자 한다. 또 상업성을 떠나 선뜻 출판을 맡아주신 진리탐구의 조현수 사장님 및 편집부 일동에게 진심으로 감사드린다. 마지막으로 그다지 좋지 못한 조건에도 불구하고 번역을 흔쾌히 맡아주신 번역자 여러분들에게 깊은 감사를 드린다.

김학준(한국국가기록연구원 원장)

김학준

역자 서문

이 편람의 번역을 시작한 지도 벌써 4년, 번역초고를 내고 감수를 받고 다시 수정을 시작한지도 2년이나 되었다. 이렇게 오랜 시간이 걸린 데는 두 가지 이유가 있었다. 하나는 순전히 개인 사정이었고 또 하나는 'MPSR 시리즈가 시의성이 떨어지지 않는가' 하는 정말 단순하고 개인적인 판단 때문이었다.

처음 번역을 시작할 때는, 포스코에서 보존기록물을 발굴·정리하며 내 안에 설익은 기록학의 원칙을 기계적으로 적용해 보고 싶어 했다. 번역초고에 대한 감수결과를 받았을 때는, 학위논문을 쓰느라 곁눈도 줄 수 없었다. 오히려 기록물 기능분류론이니 기록물연속체론이니 하는 새로운 기록학 이론의 등장으로 괴로워(?)했다. 그리고 이제 기록관리 현장에서 기록관리법의 제정배경이며 새로운 기록물 관리제도의 내용이나 기대효과 등을 역설하고 기록물분류기준표를 제정하면서 마침내 번역을 끝내게 되었다.

이러한 일련의 과정 속에서 MPSR 시리즈에 대한 오해와 폄하하던(?) 마음이 바뀌었다. MPSR 시리즈는 익히 알고 있는 바와 같이, 종이기록물을 대상으로 관리방법을 서술하는 전제 하에 만들어진 기록관리 기본교재이다. 이와 달리, 기록관리법에 근거한 국내 기록물 관리제도는, 전자정부를 지향하며 전자적으로 기록물을 생산하고 보존하고 궁극적으로는 업무를 처리하는 각종 정보시스템까지 하나로 모아갈 수 있는 기반을 조성하고 있는, 행정부의 기록관리 현실을 기반으로 하고 있다. 그러나 모든 기관이 동일한 상황에 있는 것은 아니다. 그런 면에서 볼 때, 가장 원론적이면서도 매우 상세한 이 시리즈의 존재감이 무겁게 다가온다.

MPSR 시리즈에서 현용기록물 관리에 관한 것은 본서와 더불어 『현용기록물 : 생산과 관리』(Organizing and Controlling Current Records), 『현용기록물 관리체계의 재구성 : 업무편람』(Restructuring Current Records System : A Procedures Manual), 『업무시스템 분석』(Analysing Business Systems) 등이다. 이 중 『업무시스템 분석』은 이미 번역서가 발간되었고, 이번에 번역된 것이 『현용기록물 관리 : 업무편람』(Managing Current Records : A Procedures Manual)과 『현용기록물 관리체계의 재구성 : 업무편람』(Restructuring Current Records System : A Procedures Manual)이다.

『현용기록물 관리체계의 재구성 : 업무편람』(Restructuring Current Records System : A Procedures Manual)에서는 기록물 관리체계를 고안하는 절차와 방법을 제시하고 있다. 기관에서 보유하고 있는 기록물과 그 이용에 관한 데이터를 수집하는 방법, 지속적인 가치를 갖는 기록물을 정리하여 업무공간에서 별도로 보관·보존하는 방법, 기록물 관리의 필수요건을 분석하여 새로운 관리체계를 재구성하고 모니터하는 방법 등을 서술하고 있다. 편람내용이 매우 구체적이고 사실적이다. 기록물관리기관을 설치해야 하는 대상기관이나 이제 새롭게 기록물 관리를 시작하는 조직에서 기록관리 업무프로세스를 개선하고 새로운 관리체계를 구축하고자 할 때 매우 유용할 것이다. 특히, 기록물관리기관과 새로운 기록물 관리체계를 수립하고자 하는 각급기관 간에 이뤄지는 업무의 유대관계와 분장사무는 시사하는 바가 크다.

본 편람 말미에 있는 색인어는 역어와 원어를 병기하였다. 이는 오역에 따른 폐해를 줄여보고자 하는 선의에 따른 것이나 또한 오역에 대한 책임을 조금이나마 덜어보고 싶은 얄팍한 소심함도 들어있다. 시리즈 역자들의 공통 번역어를 그대로 사용하였으나 지금도 정확한 역어를 찾지 못했다고 생각되는 것이 있다. 또, 여러 원어를 동일한 용어로 번역하거나 한 가지 표현을 문맥에 따라 여러 가지로 번역한 경우도 있다.

고마운 얼굴들이 많다. 우선 어설픈 번역초안을 읽고 의견을 준 고려대학교 박물관의 강소연 선생과, 감수와 더불어 역서의 발간절차를 여러 가지로 꼼꼼히 챙겨준 한국국가기록연구원의 김명훈 선임연구원께 감사를 드린다. 더불어 한번에 교정을 마무리하지 못하고 번거롭게 했음에도 성심을 다해준 진리탐구 편집진에게도 감사의 인사를 전하고 싶다.

올바른 기록관리제도를 안착시키는 대장정에 언제나 용기를 북돋워주시는 은사님, 현장에서 나 홀로 버티고 있을 동료들, 그 누구보다 내 삶의 든든한 버팀목이 되어주는 남편과 두 딸에게 이 책을 바친다.

2004년 10월
역자 고 선 미

차례

현용기록물 관리체계의 재구성 : 업무편람

공공기관의 기능을 지원하기 위해 기획된 기록물 관리체계는 기관을 효율적이고 효과적으로 운영하는데 필수적이다. 이를 통해 기관의 의사결정이나 집행과정을 알 수 있다. 기록물 관리체계가 비효율적이거나 쓸모없는 경우, 사무실에는 종결된 문서철이 넘쳐날 것이고 검색은 더욱 어려워질 것이다. 따라서 새로운 기록물 관리체계는 기관의 기능과 요구사항을 명확히 인지한 가운데 기획되어야 한다. 그러나 이 분야에 대한 지침은 거의 없다. 그러한 의미에서 문서과의 바람직한 기록물 관리체계를 재구성하는 프로젝트의 진행에 대하여 소개하고자 한다.

본 편람에서는 기록물 관리체계를 잘 고안하여 기록물을 제대로 관리하는 절차와 방법을 제시할 것이다. 기관에서 보유하고 있는 기록물과 그 이용에 관한 데이터를 수집하는 방법, 지속적인 가치를 갖는 기록물을 보존하기 위해 정리하고 업무공간에서 종결된 문서철을 분리하여 보관하는 방법, 기록물 관리의 필수요건을 분석하여 새로운 관리체계를 재구성하고 모니터하는 방법을 서술한다. 프로젝트의 정의와 범주에 따라 다르겠지만, 프로젝트의 어떤 단계는 목록을 작성하는 것보다 수월할 수도 있고 곤란을 겪을 수도 있다. 또 어떤 단계는 동시에 수행되거나 적절하지 않아서 생략될 수도 있다.

새로운 기록물 관리체계가 재구성되면 문서과의 담당자는 이를 유지하기 위해 필요한 직무교육을 받는다. 업무에 대해서는 『현용기록물 : 생산과 관리』(Organizing and Controlling Current Records)와 『현용기록물 관리 : 업무편람』(Managing Current Records : A Procedures Manual)을 참고하고, 기관의 기록물 관리 필요요건을 분석하는 체계에 대해서는 『시스템분석』(Analysing Business Systems)의 프로그램 훈련부분에서 심도있게 다루고 있으므로 이를 이용한다.

용어

본 편람에서 문서과(record office)는 현용기록물을 생산하고 관리하는 부서(units)나 등록소(registries)를 의미한다. 또 보존기록관리기관(archival institution), 자료관(records centre), 기록물관리기관(records and archives institution)은 일반적으로 통용되는 개념을 사용하였다. 이 기관들을 통제하는 조직은 기록물관리기관이다. 그러나, 몇몇 정부기관이나 단체에서는 기록물을 현용·준현용·비현용으로 구분하지 않고 전반적으로 관리하기도 한다.

'아카이브'(archives)는 보존기록물을 지칭하고 그 기록물을 관리하는 기관자체는 보존기록관리기관(archival institution)으로 사용하였다. 본 편람을 이용하는 독자는 상황에 따라 보존기록관리기관, 문서과, 자료관 등의 용어를 적절히 응용하여, 국립기록관리기관(national archives), 지역 자료관(provincial records centre), 단체 문서과(corporate records office) 등으로 활용한다.

부록

다양한 절차에서 생겨나는 각각의 지침과 서식은 편람 말미에 담았다.

프로젝트 준비

1 단계에서는 기록물 관리업무를 재구성하는 프로젝트를 정의하고 이를 수행할 조직을 구성한다.

1. 프로젝트 정의

1. 기록물관리기관장이나 그 대리인은 기록물 관리체계를 재구성하려는 기관의 장을 만나 당해 기관에서 기록물 관리업무 재구성 프로젝트를 수행하는데 필요한 모든 지원을 아낌없이 제공하도록 권고한다.

2. 기록물관리기관장과 프로젝트를 수행하는 기관의 장은 프로젝트의 범주를 정의하고 소요 기간을 서면으로 합의한다. 기관 내부 직원과 기타 관련 기관에서는 합의사항을 회람한다. 서면상으로 프로젝트를 정의하는 내용은 다음과 같다.

   - 프로젝트의 범주와 내용
   - 업무분장
   - 기대결과
   - 비용
   - 소요기간

3. 기관장은 재구성 프로젝트의 책임자(facilitator)를 임명하고 그의 책무를 서면으로 명시한 후 사본을 기록물관리기관장에게 전송한다. 책임자는 과제를 수행하는 기간동안 업무를 독려하고 중간에서 의사소통을 원활히 유지하는 선임자로 프로젝트에 대한 모든 의문사항의 합의점을 도출한다. 일반적으로 책임자는 프로젝트를 완료한 후 문서과의

선임 관리자가 된다.

4. 기록물관리기관에서는 프로젝트를 전적으로 책임지는 '프로젝트팀'을 만들고 팀장을 지명한다. 팀의 구성은 프로젝트의 특성에 따라 유동적이다. 팀장과 팀의 역할 및 책무에 대해서는 <부록 1>에 개관하였다.

5. 팀장과 프로젝트 책임자는 프로젝트의 범주, 일정, 비용을 포함하여 참고사항을 논의한다.

6. 팀장은 팀원에게 프로젝트 수행방법과 참고사항을 간단히 설명하고 책임자에게 팀원을 소개한다.

7. 만약 문서과의 담당자가 프로젝트를 수행할 수 있는 적절한 훈련을 받지 못하였다면 팀에서 프로젝트에 착수하기 전에 사전훈련을 실시한다.

8. 팀에서 기관의 선임관리자와 중간관리자에게 프로젝트를 설명하는 회의에 기관장이 참석하고자 할지도 모른다. 이때 프로젝트 발표내용을 소개하는 것도 팀장과 책임자의 주요한 역할이다.

2. 프로젝트 팀 구성과 진행일정

1. 팀장은 갠트차트(Gantt Chart)[1]를 이용하여 프로젝트 진행일정을 표시한다. 차트 세로에는 업무단계나 활동내용을 표시하고 가로에는 일자를 적어 각 업무단계별 활동내용별 소요기간을 기입한다(<부록 2> 참고). 일정표에는 (프로젝트를 수행하는 기관과 팀의 모든) 직원의 휴가, 기관의 업무, 공휴일을 고려하여 프로젝트의 각 업무단계와 활동내용을 기재한다.

---

1) [역주] 미국의 과학적 관리법의 추진자인 H. L 갠트가 생산관리를 위하여 고안한 관리도로 시간과 관련시켜 계획과 그 실적을 도표로 표시하는 것. 횡선(橫線)은 숫자로 주어진 생산계획량에 대한 실적의 비율을 나타내므로 횡선공정표(橫線工程表)라고도 함

2. 팀장은 책임자에게 업무일정을 설명하고 프로젝트 기간동안 정기회의를 협의하여 정한
   다. 정기회의는 주당 30분 정도 실시하고, 프로젝트 진행상황을 재평가하고 문제점을
   해결한다. 회의내용은 문서철로 관리하고 사본을 책임자에게 송부한다. 프로젝트 팀장
   은 팀원이 비밀문서철을 열람할 수 있도록 보안인가를 신청하고 책임자가 이를 서면으
   로 확실히 처리한다.

3. 프로젝트 팀장과 책임자는 기관내 프로젝트 팀의 업무장소에 대해 합의한다. 문서과를
   청소하거나 가구를 옮기는 인력지원, 벽의 페인트칠이나 책상의 니스칠에 소모되는 물
   품구입, 작업공간을 꾸밀 수 있는 화분 등의 구입책임에 대해서도 협의한다.

4. 책임자는 업무담당자에게 프로젝트의 특성과 목적, 업무소요시간과 일정, 인터뷰 필요
   성에 대해 조언한다. 또, 책임자는 업무담당자에게 프로젝트 관련 정보나 문제를 보고
   할 것과, 프로젝트를 진행하는 동안 프로젝트 팀의 동의없이 기록물을 다른 장소로 옮
   겨서는 안 된다는 것도 설명한다.

데이타 수집

2 단계에서는 기관에 관한 여러 정보(background information)를 수집하고 기록물을 조사한다.

(기록물 인벤토리나 감사기록물 등) 기록물을 조사하면, 기관에서 생산하는 기록물의 형태와 정보구조, 기록물의 관리방법과 개선방안을 알 수 있다. 프로젝트 팀에서는 기관의 생산·접수 기록물에 대한 정보를 조직적으로 수집하여 다음 사항을 이해한다.

- 기록물의 유형
- 기록물의 소장위치와 이용방법
- 기록물 관리의 문제점과 해결방안
- 보존일정표(retention schedules) 개발
- 기록물 관리업무에 임하는 자세와 관심 제고

팀에서는 기관의 기능과 업무에 관한 정보를 얻기 위해 선임관리자나 업무담당자와 인터뷰를 할 수도 있다(단계 4-(1) 참고).

1. 기관에 관한 정보수집

1. 팀장과 책임자는 기록물을 분석하는데 도움이 되는 기관의 구조와 기능 등의 정보를 수집한다. 수집된 모든 자료에는 수집일자를 적고 출처를 기재한다. 수집정보의 유형은 다음과 같다.

- 기관의 역사와 전임자
- 조직도
- 업무기획(work plan)
- 기관의 업무와 기능에 관한 보고서
- 기관과 관련된 법령
- 규정(standing orders)
- 운영지침(operating directives)
- 직무기술(job specifications and descriptions)
- 정책과 절차에 정통한 선임급 등과의 접촉
- 주요 인사의 사무실 위치(필요하다면 지도포함)와 전화번호
- 기관의 상세업무(주요/특별 업무, 보고기한, 절차 등)
- 휴가준비 등 상세한 직원 관련사항(details of staff leave arrangements)
- 문서과나 기타 기록물의 보관장소(필요하다면 지도포함)와 일반적인 물리적 조건에 대한 정보
- 문서철의 목록, 색인, 기타 기록물 관리서식(가능하다면, 사본도 접수)
- 보유중인 기록물의 보존실무에 대한 기술(description)
- 미처리 기록물, 불만, 업무변경(turnovers) 등 개선이 필요한 사항에 대한 정보
- 기관에서 (가능한 한) 프로젝트에 기꺼이 지원하는 직원, 물품, 장비, 설비 등 모든 재원에 관한 대장
- 기록물 서비스 비용 평가

2. 프로젝트 팀에서는 모든 자료를 주의깊게 연구한다.

2. 기록물 조사

1. 팀에서는 책임자와 원활히 의사소통을 하고 일정을 잘 계획하여 사무실과 모든 장소의 기록물을 조직적으로 조사한다.

2. 팀원은 실제로 이용자의 사무실을 포함한 문서과의 모든 시설과 기록물을 조사한다. 이는 기록물의 물리적 상태를 확실히 파악하고 인터뷰를 통해 수집된 정보와 조회하여

앞으로 더 많은 데이터를 수집하기 위해서다. 조사에는 기록물이 어디에 어떻게 보관되는지는 물론, 기록물의 형태·수량·축적비율·이용빈도·물리적 특성이 망라된다(<부록 4> 기록물 조사서 참고).

3. 기관내 기록물을 조사하는 동안, 팀에서는 부지불식간에 기록물이 폐기되거나 이동되는 일이 없도록 하고 지체없이 조사를 완료한다.

4. 팀에서는 다음 사항과 같은 현용·준현용기록물 관리절차를 살펴본다.
   - 우편물 관리
   - 우편물 회람
   - 문서철의 생산과 분류
   - 편철
   - 문서철의 검색
   - 문서철의 인수인계(movement)
   - 문서철의 종결
   - 보존(retention)
   - 폐기/재평가(자료관으로의 이관 등)

5. 이러한 정보는 다음과 같은 방법으로 얻는다.
   - 문서과의 통계
   - 처리속도(일정기간 안에 처리되는 아이템의 수와 소요시간)
   - 관찰

6. 팀의 조사에 기초하여, 팀장은 프로젝트 책임자나 문서과장과 적정량의 비품을 협의한다. 제5단계 첫머리에 있는 <부록 5> 체크리스트를 참고하라.

7. 팀에서는 문서과 담당자와의 긴밀한 작업을 통해 조사결과를 평가하여 다음 사항을 확인한다.

   - 어떤 기록물을 폐기할 것인가(예를 들어, 보존일정에 따라 폐기되는 문서철 복본), 어떻게 폐기할 것인가, 그 양은 얼마나 되는가
   - 어떤 기록물을 종결지어 목록을 작성하고 자료관이나 보존기록관리기관으로 이관

할 것인가, 그 양은 얼마나 되는가

- 편철용구는 좀더 효율적인가, 개선하거나 대체할 필요는 없는가; 여분의 비품을 어디에 두는가
- 문서과와 보존서고의 설계를 개선해야 하는가
- 어떤 기록물/정보를 통합할 것인가, 예를 들어 임시 문서철을 원본에 합칠 수 있는지
- 기록물을 불법적으로 열람하거나 망실하지 않도록 보호할 수 있는가, 현재 보관상태는 얼마나 안전한가

8. 기관장과 기록물관리기관장에게 제출할 중간보고서를 준비한다.

종결된 문서철로 인한 사무실 혼잡 해소

3 단계에서는 더 이상 일상업무에 활용되지 않으면서도 업무부서나 문서과에 보관되고 있는 준현용·비현용기록물을 처리하는 절차를 다룬다.

1. 팀에서는 박스나 폐품자루(rubbish bags)를 이용한다.

2. 문서과에서 5년 이상 이용되지 않는 문서철은 모두 시스템에서 제외하고 종결짓는다.

3. 기관 어딘가에 보관되고 있는 이러한 문서철과 이외 비현용 문서철을 시리즈별로 정리하고 문서철 번호순으로 배열한 후, 일반처리일정표나 특별처리일정표를 적용하여 평가한다. 이때 정책문서철은 하나씩(one by one) 평가한다.

4. 기록물관리기관에서 처리하도록 인정한 기록물을 폐기하기 위하여 정리한다. 처리일정표를 이용할 수 없는 경우에는 기록물의 폐기허가서에 기관장의 재가를 받아야 한다.

5. 단명의 문서(ephemeral), 여타 유형의 기록물, 도서자료와 기록물을 분리한다. 기관에 필요하지 않은 출판물은, 우선 기록물관리기관의 확인을 거쳐 적합한 도서관으로 보내고 기관에서 여전히 필요로 하는 도서자료 등은 도큐멘테이션 센터(documentation center)에 보관하거나 문서과 등 잠금장치가 있는 사무실의 별도공간을 지정하여 보관한다.

6. 보존할 문서철은 박스에 너무 꽉 차지 않게 넣는다. 가능한 한, 유형과 평가일자가 비슷한 문서철을 같은 박스에 넣어 다음 재평가에 대비한다. 기록물의 자료관 이관에 대해서는 『현용기록물 관리 : 업무편람』(Managing Current Records : A Procedures Manual)을 참조한다.

7. 이관할 문서철은 자료관이관 기록물목록(<부록 8> 참고)에 기재하고 사본 4부를 마련한다. 만약 먹지를 사용하여 사본을 만들 경우에는 모든 사본의 정보가 제대로 표시되었는지 확인한다. 이관기록물목록의 마지막 두 칸-'처리일자'와 '서가번호'-은 자료관에서 기재하는 사항이므로 이를 제외한 나머지 항목을 모두 기록하여 박스에 넣는다.

8. 자료관의 담당자는 처리일정표에 정해진 처리일자를 이관기록물목록에 기입한다. 처리일정표에 기재되어 있지 않은 기록물시리즈는 기록물관리기관장의 승인을 받아 자료관으로 이관하고, 기록물의 '처리행위범주'(폐기, 재평가, 영구보존)를 결정한다.

9. 기록물 박스 제일 앞에 둔 문서철에 자료관이관 기록물목록 4부를 넣고, 박스를 자료관으로 보낸다.[2]

10. 자료관에서는 이관기록물을 접수하고 처리한 후, 이관기록물목록의 '처리일자'와 '서가번호'를 기재하여 사본 1부를 기록물을 이관한 문서과로 보내면 문서과에서는 자료관의 기록물을 검색할 때 이용하기 위해 이를 철해 둔다.

---

2) [역주] 『자료관의 기록관리 : 업무편람』 제2과에 따르면, 자료관에서 송부받은 '자료관이관 기록물목록' 4부를 문서과에서 작성하여 1부는 확인용으로 두고 3부를 자료관으로 보낸다.

인터뷰, 데이터 분석, 새로운 기록물 관리체계 기획

기록물 관리 책임자(records managers)는 관리분석기술(management analysis techniques)을 이용하여 조직의 구조와 업무절차를 조사한다. 조직에서 어떤 업무를 수행하고 있으며 어떤 기록물이 필요하고 그 이유는 무엇인가를 이해한다. 이러한 정보를 분석하여 기록물 관리시스템으로 효율성을 제고하고 비용을 절감할 수 있는 실용적인 방법을 권고한다. 이때, 조직도는 조직이 어떻게 구성되어 있고 어떻게 정보를 이용하는지를 알 수 있는 자료이다. 이러한 과정을 업무체계분석이라고 하며 <부록 6>에서 개략적으로 서술하였다. 이에 대해 보다 심도있게 알기 위해서는 별도로 『업무시스템분석』(Analysing Business Systems)을 참고하라.

업무체계를 분석하기에 앞서, 이미 제2단계에서 언급한 바와 같이 기관의 선임관리자와 인터뷰를 하여 기능·업무·정보흐름에 대한 데이터를 수집한다.

Ⅰ. 인터뷰

1. 팀장은 선임관리자 일인당 1시간 정도의 분량으로 인터뷰를 준비한다. 가능한 한 가장 먼저 최고 선임자와 인터뷰를 하여 기관에 대한 일반적인 정보를 얻은 후 구체적인 정보를 수집한다. 인터뷰 기본서식으로 <부록 3>을 참고하고 서식의 모든 항목을 완전히 채워야 한다.

2. 팀장은 선임관리자와의 인터뷰를 통해 다음 사항을 이해한다.
   - 부처나 국(department or division)의 기능
   - 수행업무의 특성

- 생산하거나 이용하는 기록물의 유형
- 다른 부서와 공유하는 정보의 성격
- 정보의 이용빈도
- 문서과의 직원구성

3. 팀장은 조사대상 기록물을 관리하는 기관의 담당자들과 인터뷰하기 위해 가능한 한 팀원을 두 팀으로 나눠 운영한다.

4. 팀원은 업무담당자, 문서과 담당자와의 인터뷰를 통해 다음 사항을 이해한다.
- 문서과나 여타 부서에서 관리하는 기록물의 특성과 수량
- 기록물의 조직방법
- 기록물 보관장소와 방법
- 이용되는 보존설비
- 기록물의 이용빈도

5. 팀원은 바람직한 인터뷰 기법에 대해 인지하고 다음 사항을 준수한다.
- 정보를 수집하는 이유와 그 방법을 인터뷰구술자(interviewee)에게 명확히 설명한다.
- 인터뷰 정보는 기록물 관리시스템을 개선하기 위해 수집하는 것이고 비밀로 할 것임을 인터뷰구술자에게 재확인시킨다.
- 직원이 업무를 수행하면서 생산한 기록물은 기관의 재원이고 사실상 국가의 자산이라는 것을 명백히 한다.
- 유도심문이나 예상된 대답을 기대하는 질문은 피하고 인터뷰구술자가 어떤 간섭도 받지 않고 자신의 생각을 표현할 수 있도록 한다.
- 이 조사를 통해 개인의 실수가 드러나지 않을까 두려워하는 사람의 심리에 세심한 주의를 기울인다.
- 보고서를 제출하기 전에 서로 주고받은 정보를 명백히 이해할 수 있도록 재차 확인한다.
- 인터뷰한 내용을 면담자(interviewer)가 임의로 취사선택하지 않는다.

6. 일과를 마칠 때, 면담자는 당일 인터뷰한 내용을 모두 기록했는지 확인한다. 인터뷰구술자의 인상과 현재 기록물을 관리하고 이용하는 방법에 대한 평가도 기재한다.

7. 정보에 대한 의문이나 모순되는 사항은 인터뷰구술자를 통해 명확히 하거나 팀장이 책임자에게 의문을 제기한다.

2. 기관에 대한 정보, 인터뷰, 기록물 조사 데이터 분석

1. 인터뷰, 기록물 조사노트와 조사서를 분석한다. 팀에서는 어떤 업무가 왜, 누구에 의해, 언제, 어디서 수행되고 있는지를 묻고, 모든 정보를 분석하여 효율적이면서도 비용을 줄일 수 있는 실용적인 방법을 권고하고자 한다.

2. 팀은 문서과 담당자와 긴밀히 협력하여 다음 사항을 결정한다.
   - 문서과는 기관의 필요에 얼마나 부합하고 있는가
   - 문서과를 합병해야 하는가
   - 기관의 필요에 부응하기 위해서는 얼마나 많은 인력이 필요한가
   - 기록물 관리자(record staff)를 어디에 배치해야 하는가
   - 기록물 관리의 변화가 기관의 직원 구성에 어떤 영향을 미칠 것인가

3. 팀에서는 기관의 각 부처(department)나 계(section)에서 수행하는 기능(function), 활동 (activities), 사안(transaction)을 목록으로 작성한다. 이와 함께 조직도를 이용하여 다음 사항에 대한 논리적 구성도(flow chart)를 계발한다.
   - 기관의 부처와 국 전체나 조직간의 상호관련성<수준1>
   - 부처내 부서내외의 상호관련성과 부서간 정보의 흐름<수준2>

4. 앞의 논리적 구성도에 외부조직에 대한 대략적인 목록을 약어로 표기하여 주요하게 관리한다.

5. 논의된 조직도와 그 정확성에 대해서는 인터뷰구술자나 책임자의 확인을 받아 최종적으로 정리한다.

3. 기록물시리즈 설정

1. 팀에서는 논리적 구성도를 통해 기관의 업무활동과 정보를 파악한 후, 필요한 기록물시리즈를 결정한다. 기록물시리즈는 일반적으로 식별할 수 있는 기능이나 기관의 독립된 행정부서(administrative unit)의 활동영역에 따라 구분된다. 그러나 전체 부처나 부서에 한 기록물시리즈만 있을 수도 있다. 또, 모든 계(section)나 다수의 계가 수행하는 업무영역이 하나의 기록물시리즈가 될 수도 있다.

2. 기록물시리즈에 대해서는 『현용기록물 : 생산과 관리』(Organizing and Controlling Current Records)를 참고하라.

4. 분류와 코드체계 마련

1. 프로젝트 수행절차에서 중요한 부분은 문서철과 여타 기록물을 등록하는데 사용하는 분류와 코드체계를 기획하는 것이다. 일관성 있게 통제어휘집(주제어 목록이라고도 함)으로 문서철을 분류하고 색인한다.

2. 만약 색인어 목록이 정보를 검색하는데 중요하다면, 통제어휘집(<부록 7> 참고)을 만드는 규정에 따라, 팀에서는 기관의 기능·업무를 반영하는 색인어 목록과 기관이 관할하는 조직명이나 지명에 대한 색인어 목록을 개발한다.

3. 문서과에서는 기록물관리기관의 승인없이 통제어휘집에 새로운 색인어를 추가할 수 없다.

4. 기관의 직원과 책임자는 제안된 문서철시리즈와 색인어를 회람하고 의견을 제시한다. 이용자의 비평내용을 매우 진지하게 수용한다.

새로운 기록물 관리체계 도입

새로운 시스템을 도입하기 위해서는 사전에 여러 활동-미처리 비현용기록물의 정리, 남아있는 문서철의 종결, 문서과의 재정비, 통제시스템의 설치, 신규 문서철의 작성-을 수행한다.

1. 준비

1. 팀장은 책임자와 함께 새로운 기록물 관리체계의 도입일정표을 작성한다. 한 곳 이상의 문서과가 있으면 문서과의 재구성이나 병합을 일정표에 기입하고 합의된 일정을 기관에서 회람한다.

2. 책임자는 프로젝트 팀과 업무담당자의 만남을 주선한다. 이 만남을 통해 팀에서는 기관의 지원을 확실히 보장받는다. 프로젝트 팀에서는 업무자에게 새로운 시스템을 도입하는 절차와 시기를 설명하고, 새로운 시스템으로 기존 문서철을 계속 열람할 수 있으나 향후 새로 생산되는 문서는 새로운 시스템의 문서철에 넣어야 한다는 것을 재확인한다.

3. 동시에 책임자는 제1단계에서 언급한 합의에 따라 문서과를 청소하거나 비품을 옮기는 데 필요한 인력을 지원한다. 때에 따라서는 페인트칠 등도 제공한다.

4. 팀에서는 자료관으로 이관할 준현용기록물을 정리한다.

5. 팀에서는 문서과 담당자가 새로운 시스템과 절차를 이해하는지 확실히 체크한다.

2. 문서과 배치에 대한 재기획

1. 팀에서는 각 문서과에 소장되어 있는 현용기록물의 수량, 기록물 관리자의 수, 필요공간을 산정한다. 팀에서는 기록물을 열람하고 보관하기 위해 잠정적인 공간배치도를 준비하여 문서과의 공간규모, 창문과 문 등을 그림으로 간단히 보여준다. 책상, 의자, 기타 가구나 장비의 배치도를 그려두면 가장 좋은 안이 나올 때까지 계속 수정하는 것이 용이하다.

2. 문서과를 물리적으로 새로 설치하거나 재구성하고자 할 때 그 면적과 위치를 확인한다.
   * 기록물 이용자와 가능한 한 가까워야 한다.
   * 우편물 전송에 용이해야 한다.

   권고안은 다음과 같다.
   * 보관비품, 직원, 가구 등을 수용하기에 적당한 공간크기여야 한다.
   * 문, 창문에는 안전하게 잠금장치를 하거나 방범창을 단다.
   * 가능한 한 자연채광이어야 한다.
   * 보관 문서철의 무게를 감당하기에 충분해야 한다.

   책상과 가구를 설계할 때는 다음 사항을 고려한다.
   * 문서를 처리할 때 계속 쌓을 수 있어야 하나 양방향으로 이용하는 것은 피한다. 측면 선반은 4단 서랍의 보관용 캐비넷보다 공간 효율성이 뛰어나지만, 부득이 캐비넷을 이용해야 한다면 다른 직원을 방해하지 않고 캐비넷을 열거나 열람하기에 적당한 공간이어야 한다.
   * 우편물을 접수, 개봉, 분류하고, 우편물과 문서철을 등록하고, 전문을 발송하고, 문서철의 인수인계사항을 기록하고, 기록물 관리서식을 보관할 수 있는 작업공간이 있어야 한다.

3. 문서과를 물리적으로 재구성하는 계획을 세울 때는 문서과 담당자의 조언과 책임자와의 긴밀한 연계가 있어야 한다. 바닥이 부서졌거나 구멍이 나서 그곳으로 해충이 들어올지도 모른다면 이사하기 전에 수리해야 한다.

3. 새로운 기록물 관리체계 도입

1. 현용 문서철을 종결하고 신규 문서철을 생산하는 것에 대비하여, 문서과 담당자는 문서과에서 기록물을 물리적으로 어떻게 보관할 것인지 결정한다. 오래된 문서철은 파일링 캐비넷 선반이나 서류보관 칸에 뭉치로 보관하고, 신규 문서철은 이와 구분하여 지정된 보관지역에서 관리하는 것이 기본원칙이다. 시간이 경과함에 따라 신규 문서철은 계속 늘어날 것이고 오래된 문서철은 정기적으로 자료관으로 이관될 것이다. 일반적인 환경에서는, 종결된 문서철을 3년 이상 문서과에서 보관하지 않으므로 시스템을 재구성한 지 3년 안에 모든 종결된 문서철은 자료관으로 이관된다.

2. 팀에서는 보존할 기록물의 수량에 따라 문서과 설계안을 마무리짓는다. 두 개 이상의 문서과를 통합하는 것이 비용측면에서 효율적일 수도 있고, 이용자에게 더 나은 서비스를 제공하기 위해 문서과를 신설하는 것이 대안일 수도 있다. 팀의 제안서에 책임자가 동의하면 모든 관련자가 변화와 실행시점에 대해 조언한다.

3. 문서과를 완전히 비우고 깨끗이 청소한 후 페인트를 칠한다. 가구와 장비는 새로 배치하고 남는 것은 처리하거나 보관하기 위해 정렬한다.

4. 제2단계에서 언급한 바와 같이 새로운 문서철 표지, 문서철 끈(tag)이나 줄, 공란의 기록물 관리서식을 준비한다. 문서과 담당자와 함께 팀에서는 『현용기록물 관리 : 업무편람』(Managing Current Records: A Procedures Manual)에 서술한 대로 각 문서과에서 사용하는 기록물 관리서식을 마련한다. 필요한 모든 서식은 『현용기록물 관리 : 업무편람』(Managing Current Records: A Procedures Manual)에서 다루고 있다. 기록물 관리서식은 다음과 같다.

- 문서철 등록부 : 공란의 문서철 등록부 서식은 링 바인더에 넣어 둔다. 문서철의 양이 많으면 한 개 이상의 바인더가 필요할 수도 있다. 이는 시리즈 단위로 조직될 수도 있다.
- 문서철관리대장(transit book) : 공란의 문서철관리카드(transit sheet)는 라벨을 붙인 대장에 넣고 신규 문서철을 등록할 때 사용한다. 만약 대장을 이용할 수 없으면, 색인카드나 낱장 서식을 링 바인더에 묶어 이용할 수도 있으나 이는 관리하기에

불편하다.

- 문서철 색인 : (색인서랍에 두고 관리하는)카드나 (링 바인더에 넣어두는) 인쇄된 서식을 이용한다.

- 대출예약(bring-up) 일지 : 인쇄된 탁상용일지를 이용한다.

- 문서접수대장, 문서발송대장, 인편사송대장 : 인쇄된 대장을 이용한다.

- 문서철점검서 : 공란의 점검서식을 라벨이 붙은 링 바인더에 넣어 둔다.

- 문서철인수인계카드(movement slips) : 가급적이면 절취할 수 있고(tear-off pad form) 미리 인쇄된 서식을 이용한다.

5. 이용자가 보유하고 있는 것을 포함하여 모든 현용 문서철을 번호순으로 문서과에서 수합하여 보관하고 그 표지와 색인목록(minute sheets)에 "종결되었음"(closed)을 표시한다. 해당 문서철을 이용하고 있을 때에는 이용자의 책상에서 종결짓고 그대로 이용자의 사무실에 둔다. 팀에서는 종결된 문서철을 계속 조회할 수는 있으나 새로이 문서를 첨가할 수 없다는 것을 문서과 직원과 이용자에게 설명한다.

6. 접수하여 우편물 폴더에 넣어둔 우편물을 선임관리자가 회람하고 문서과에 반납하면, 이용자의 조언에 따라 새로운 시스템에서 신규 문서철을 만든다. 팀에서는 이 절차를 신중하게 모니터한다. 신규 문서철이 불필요하게 만들어지지 않도록 하는 것이 문서철을 만드는 전략이기 때문이다. 그러나 새로운 기록물 관리체계의 도입 이전부터 활용하고 있는 문서철을 종결해야 하는 경우 대안을 마련하는 것이 필요하다. 현실적인 대안으로는 종결된 문서철을 잇는 신규 문서철을 일정기간 마련하는 것이다. 가장 간단한 방법으로는 전월(前月)에 문서를 추가한 문서철을 그 대상으로 할 수도 있다. 그러나, 이는 활용되고 있는 모든 주제에 대해 기존의 파일링 시스템을 적용하는 것으로 향후 결코 이용되지 않을 신규 문서철을 만드는 결과가 될 수도 있다.

7. 합의된 새로운 분류체계에 따라 각각의 신규 문서철에 코드를 할당한다. 문서철은 합의된 통제어를 사용하여 색인하고 필요할 경우 신규 통제어를 추가한다.

8. 신규 문서철의 세부사항을 문서철관리대장(『현용기록물 관리 : 업무편람』(Managing Current Records : A Procedures Manual)의 제6장 참조)에 기재한다.

9. 신규 문서철을 업무담당자에게 보낼 때는 그에 조응하는 이전 문서철을 첨부한다. 신규 문서철의 인수인계사항을 문서철관리대장에 기록한다. 새로운 시스템이 도일될 때, 기존 시스템에서 종결된 문서철 가운데 계속 활용되는 것은 신규 문서철로 만든다. 전월(前月)에 문서를 추가한 구 문서철은 신규 문서철과 함께 약 6개월 동안 이미 종결된 문서철과 구분하여 다른 서가에 둔다.

10. 문서과에서는 각 업무담당자에게 적당량의 문서철인수인계카드를 주고 필요하다면 더 많이 제공한다.

4. 최종보고서 준비

1. 팀장은 책임자와 상의하여 최종보고서 초안을 작성한다. 합의된 보고서는 기관을 대표하여 책임자에게 정식으로 제출하고 승인을 받는다. 이전 보고서를 토대로 하여 프로젝트 전체를 다음과 같은 내용으로 구성한다.

- 요약
- 서론
- 프로젝트 정의
- 프로젝트 범주
- 제1단계
- 제2단계
- 제3단계
- 제4단계
- 제5단계
- 결론
- 권고안
- 부록

최종보고서의 목적은 프로젝트 진행사항, 문제점, 성과, 프로젝트 완수여부, 합의된 예산과 기간 준수여부 등 전말을 밝히는 것이다. 만약 예산이나 일정표가 제안했던 것과 다르다면 이에 대해 설명한다.

2. 최종보고서가 서면으로 승인되면 책임자는 기록물관리기관장에게 프로젝트 완수를 확인하는 문서와 최종보고서 사본을 동봉한다.

3. 팀장과 책임자는 일반적으로 문서과의 직속 관리자로 차후 6개월 간의 모니터 일정에 합의한다.

4. 팀장은 기록물관리기관이 위임한 바에 따라 프로젝트와 관련된 모든 문서를 상자에 넣고 보존기간을 할당하여 자료관으로 이관한다.

기록물 관리체계 모니터링

새로운 기록물 관리체계를 도입한 후 정기적으로 모니터하여 시스템이 목적에 부합되고 이용자의 요구에 부응하는지를 확실히 평가하는 것은 필수적이다. 시스템을 도입한 후 적어도 초기 한 달 동안 문서과의 담당자는 매일 문서철 제목을 정의하고 신규 문서철을 작성하는 것을 지원한다. 만약 모두 잘 운영되면 순차적으로 모니터링 회수를 줄여나간다. 일주일에 한 번, 2주일에 한 번, 한 달에 한 번 정도로 줄인다. 문제가 발생하면 언제든지 팀에서 지원할 것이다.

문서과 업무수행을 모니터하는 절차는 다음과 같다.

1. 팀에서는 정기적으로 모니터하여 다음사항을 평가한다.

- 문서철 명 부여와 편철의 정확성
- 기록물 관리서식의 이용, 목록(entries)의 완전성(completeness)과 통일성(uniformity)
- 문서처리 소요시간(response times)
  우편물을 접수하여 업무담당자에게 전달하기까지 문서과로 우편물 회람 폴더 반납, 문서철 검색, 문서과로 문서철 반납, 문서철인수인계카드 수합
- 업무분장
- 기록물 보관
- 문서과의 상황
- 서비스 수준에 대한 문서과의 담당자와 이용자의 인식

2. 팀에서는 몇 가지 방법으로 정보를 기록한다.

- 일지작성(일정 기간동안, 처리된 건수, 수행된 과제와 그에 투여된 시간 산정)

- 표본추출(기록물 관리대장, 기록물 인수인계사항 등 분석)
- 문서과의 담당자와 이용자를 대상으로 한 인터뷰
- 이용자 앙케이트
- 관찰

3. 팀에서는 업무수행 측정기준을 고안하기 위해 문서과 담당자와 협력하고 문서과에서는 이 기준을 그래프나 차트를 이용하여 잘 표현한다.

4. 팀에서는 방문하여 모니터링 할 때마다 직속 상위관리자에게 보고준비를 하고 문서과장과 문제점을 협의한다. 만약 문제가 재발하면 기록물관리기관장이 당해 기관장에게 연락할 것이다. 보고서 사본은 3년 동안 안전한 장소에 보관된다.

5. 체계가 잘 운영되더라도 기록물 관리인력(records personnel)은 체계를 강화하기 위해 업무자(office staff)와 긴밀히 일한다.

6. 모니터 활동으로 수집된 정보는 정기적으로 재평가된다. 팀에서는 문서과에서 주의해야 할 징후를 감지해 낸다. 이러한 징후에는 다음과 같은 것이 있다.

- 이용자는 문서를 손쉽게 이용할 수 없어서 기록물 관리체계를 신용하지 않는다.
- 이용자는 문서철을 자신의 사무실이나 책상에 보관한다.
- 이용자는 문서과의 절차를 이해하지 못한다.
- 이용자는 보관공간이 부족할 때만 문서철을 문서과로 보낸다.
- 문서과에 편철하거나 색인해야 하는 미처리 기록물이 남아있다.
- 문서과 담당자는 의욕도 없고 사기도 떨어져 있다.
- 문서철은 부피가 커서 다루기 힘들다.
- 문서철 명이 내용을 적절히 반영하지 못한다.
- 정보를 자주 잃어버린다.
- 업무수행을 측정하는 기준이 없다.
- 정보를 관리하는데 수반되는 비용을 인지하지 못한다.
- 자료관으로 이관되어야 하는 비현용 문서철이 처리되지 않은 채 남아있다.

7. 다음과 같은 경우, 때때로 레코드키핑시스템(records-keeping systems)을 철저히 조사한다.

- 업무활동이 증가되었다.
- 기관에 새로운 기능이 부과되었다.
- 기관의 기능이 축소되었다.
- 기관이 개편되었다.

8. 새로운 기록물 관리체계를 모니터하고 재평가하는 것은 새로운 시스템의 목적수행도와 이용자 요구에 대한 부응도를 확인하기 위해 필요한 관리기능이다.

책임자 지명과 기록물 관리 재구성 프로젝트팀 조직 구성안

문서철번호: _____   일자 : _____

책임자

문서과의 재구성 프로젝트

부처명 _____

문서과 재구성 프로젝트

_____소속의 문서과를 재구성할 예정입니다. 재구성 프로젝트를 수행하기 위해 팀을 만들고 _____가 통솔할 것입니다.

귀하를 재구성 프로젝트 팀장과 협력하는 책임자로 임명합니다. 재구성 프로젝트 책임자나 프로젝트 팀장과 팀원의 역할 및 책임에 대해서는 첨부문서에 지정하였습니다.

이는 중요한 프로젝트이므로 일정대로 완수하기를 바랍니다.

[기관장]

첨부

책임자의 역할과 책임

책임자는

- 항상 재구성 프로젝트 전 과정을 수행해야 하지만 자리를 비울 수밖에 없는 경우에는 프로젝트를 잘 숙지하고 있는 대리자에게 결정권을 위임한다.
- 재구성 프로젝트를 수행하는 팀과 기관간에 의사소통 중계자 역할을 한다.
- 마땅히 필요하다면, 재구성 프로젝트를 수행하는 팀에 조언하고 지침을 제공한다.
- 합의된 기간 내에 전략적 아이템을 결정하고 합의한다.
- 재구성 프로젝트를 수행하는 팀에서 요청하는 회의를 준비한다.

문서과 재구성 프로젝트 팀의 역할과 책무

팀장은

- 재구성 프로젝트 수행일정표를 기획한다.
- 과제에 필요한 시간과 비용을 확보한다.
- 정기적으로 책임자와 회의한다.
- 팀원의 업무를 배분하고 감독한다.
- 재구성 대상기관의 선임관리자와 인터뷰하여 데이터를 수집한다.
- 팀원이 인터뷰와 기록물 조사를 통해 수집한 데이터와 정보를 분석한다.
- 새로운 기록물 관리체계를 설계하는데 협력한다.
- 시연회와 토론회를 이끈다.
- 보고서를 발간한다.
- 새로운 시스템의 도입을 감독한다.
- 기관장과 기록물관리기관장에게 최종보고서를 제출한다.

팀원은

- 팀장에게 보고한다.
- 기록물을 조사하고 관련 인터뷰를 수행한다.
- 단계별 과제를 분석하고 설계하는데 팀장을 보조한다.
- 문서과의 잠정적인 윤곽을 고안하고 권고한다.
- 문서과의 담당자와 협력하여 문서철의 종결, 신규 문서철의 작성, 기록물 관리서식의 구비, 문서철/비품의 물리적 배치, 문서철의 박스 포장 등의 과제를 수행한다.
- 팀장의 보고서 작성을 보조한다.

갠트차트(Gantt Chart, 횡선공정표) 서식

프로젝트 정의 : [기관명] 문서과 재구성

단　　계 :

1
2
3
4
5
6

일자:	1/2	8/2	15/2	22/2	1/3	8/3	15/3	22/3	29/3

프로젝트 단계별 소요시간(일수) 산정

제1단계	–
제2단계	–
제3단계	–
제4단계	–
제5단계	–
제6단계	–

제1단계 프로젝트 준비
제2단계 데이터 수집
제3단계 사무공간 혼잡해소
제4단계 인터뷰, 데이터 분석, 새로운 기록물 관리체계 기획
제5단계 새로운 체계도입
제6단계 시스템 모니터링

인터뷰 서식

인터뷰 서식

기관명 : _____   전화번호 : _____

업무담당자 : _____   직급(location) : _____

직명(title) : _____   일자 : _____

작성자 : _____

정보요구서

1. 기관의 기능은?	2. 활동은?	3. 조치(transaction)는?
(기관에서 달성해야 하는 기능의 목록)	(기관이 기능을 달성하는데 어떤 활동을 시행하는가? 어떻게, 어디서, 누가, 왜 하는가?)	(활동과 관련하여 어떤 조치를 수행하는가? 어떻게, 어디서, 누가, 왜 하는가?)

정보 흐름

4. 이 계(area/section)는 기관의 다른 부문과 관련이 있는가?

어느 계?	왜?	관련성?	누구와 상호 작용하는가?	언제?	어떻게?

5. 이 계는 기관외부 조직/개인과 업무관계가 있는가?

어느 조직/개인?	관련성?	누가 시작하는가?	언제?	어떻게?

6.~9. 기존 기록물 시스템과 실무

이 계를 성공적으로 운영하는데 기록물이 왜 중요한가?	특히 중요한 기록물은 무엇인가?	왜 ?

7. 현재 시스템 운영이 적합한 기간은 얼마나 되는가?	8. 이 시스템이 현재 요구에 부합되는가?	9. 성능향상을 위해 필요한 개선방안은?

기록물 조사서

기록물 조사서

기관 _____ 부서 _____

문서과 _____ 전화번호 _____

조사팀 구성원 _____ 일시 _____

사무실 번호	보 관 위 치	기 술	실 크기(m)	추가 소장 내역

현용기록물 관리체계의 재구성 : 업무편람

이용율

시리즈범주	주별 검색건수	월별 문서철생산량	시리즈 색인유무	시리즈 목록유무

부록 4 기록물 조사서

소장기록물(분류된 시리즈는 * 표기)

시리즈/ 범주	기록물 추정량	기록물 직선거리(m)	형태 (문서철, 책자)	보안등급의 적정성	상태(양호, 보통, 불량)

서고장비

선반

선반의 전체수량	전체 선반의 직선길이(m)

선반의 칸

선반 칸 수	칸 넓이	수용가능한 직선거리(m)

문서철 캐비넷

서랍이 4개인 캐비넷 수	서랍이 2개인 캐비넷 수

기타(기술)

문서과 재구성에 필요한 물품목록

문서과를 재구성하는데 필요한 물품의 목록은 다음과 같다.

- 문서수발신대장
- 전송자대장(despatch book)
- 문서철관리카드(transit sheet)
- 색인카드
- 대출예약(bring-up)일지
- 문서철점검서
- 문서철인수인계카드
- 기록물처리서
- 자료관이관기록물목록
- 자료관 박스
- 폐품자루
- 문서철 표지(사전에 인쇄된 것 준비)
- 링 바인더
- 무지(無地)종이
- 실(twine)
- 문서철 끈
- 먹지
- 청소용품(먼지털이, 비누, 수건 등)
- 페인트
- 광택제
- 살충제/벌레 방지(기록물관리기관의 조언에 따라)

논리적으로 기록물을 조직하는데 필요한 업무체계분석 도입

업무체계분석이란 무엇인가?

업무체계분석은 기관의 목적을 달성하는 기능과 활동을 이해하는 수단이다. 기록관리학적 관점에서 볼 때, 업무체계분석은 기록물을 생산하는 기관의 기능과 활동을 반영하므로 기록물을 서비스할 수 있도록 조직하는데 도움이 된다.

업무체계를 분석하면, 기록물을 업무활동유형과 일치시켜 논리적으로 조직하는 기초를 확보할 수 있고 기록물의 연계성을 확실히 할 수 있으므로 업무활동을 결산하는 단서를 찾는데 도움이 된다. 결국 업무체계를 분석하면 상이한 유형의 기록물을 계속적인 유용성과 지속적인 가치에 따라 보존하고 폐기하는 기준을 개발할 수 있다.

기록물 시리즈 설정

데이터를 분석하고 업무의 흐름을 이해할 때, 기관의 기능과 활동을 지원할 수 있는 기록물 시리즈를 조직할 수 있다. 필요한 기록물 시리즈의 수는 많은 요소에 의해 결정되지만, 이를 정확히 규정할 수는 없다. 오히려 기관의 기능에 대한 전후맥락, 내부적으로 운용되는 방법, 규모, 관련된 외부그룹, 의무와 책임, 활동과 과제의 수준과 빈도, 기록물의 생산량, 기록물에 담긴 정보의 밀도 면에서 판단하는 것이다.

가능한 한, 시리즈는 분리된 각각의 과제(task)나 여러 명의 업무담당자가 수행하는 과제군(group of task)과 관련하여 생산되는(documenting) 기록물로 이루어진다. 일반적으로, 시리즈는 하나의 기능부서의 담당자만 이용한다. 그러나, 시리즈의 개별 기록물은 업무를 시작하거나 정보를 활용하기 위해 일시적으로 다른 기능부서로 넘겨질 수도 있고 관련 당국에서 참고할 수도 있다. 게다가, 모든 기관에서 기능에 기초하여 직원의 사무분담을 하고 있는 형편도 아니다.

요구되는 기록물 시리즈의 수는 기능적 분석에 기초하여 결정되지만 작업은 아래에서 위로 이루어진다. 따라서 조치의 유형에 따라 기록물 시리즈를 형성하는데 주의를 기울이게 되고, 때때로 한 개 이상의 조치나 활동을 하나의 기록물 시리즈로 함께 묶는 것이 더욱 유용할 수도 있다. 그러나 단일한 시리즈에 하나 이상의 기능과 관련한 기록물을 연결하는 것은 예외적인 일이다.

업무체계분석을 통한 기록물 시리즈 설정

기록물 시리즈를 업무체계나 절차와 관련짓기 위해서는 우선 업무체계를 구성하는 '과제'를 이해해야 한다.

일반적으로 과제는, 집합적으로 업무체계를 구성하는 다른 과제와 관련된다. 예를 들어 토지등기에 요구되는 자격지원을 평가하는 과제는, 작업 시스템을 구성하는 '지원접수' '지원평가' '자격승인' '자격발급' 등의 일부분이다. 이러한 업무체계는 '토지등기'라는 기능을 지원하는 것으로 토지청에 있는 농촌개발국에서 담당하고 토지등기업무를 책임진다.

다른 예는, 천연자원부라는 가상기관에서 선임관리자의 서명을 담은 수발신문을 준비하는 과제이다. 수신문서의 회신초안을 준비하는 과제는, '문서를 접수하고' '회신을 담당할 적임자에게 수신문서를 전달하고' '회신하기 위해 연구하여' '회신초안을 준비하고' '회신초안을 평가하고 승인한 후' '선임관리자가 최종안을 승인하고 서명하는' 일련의 과제 가운데 하나이다. 일련의 과제는 여러 기관의 업무체계에서도 동일하다(즉, 대부분의 기관은 정해진 대로 수발신문을 접수하고 회신한다). 예시의 업무체계는 소위 수자원관리정책 기능을 지원하는 것으로, 이는 천연자원부의 통합위원회에 있는 '천연자원정책과 평가'라고 불리는 조직단위에서 책임진다.

마지막 예로, 교육부에서 프로젝트 결과에 관한 최종 보고서를 준비하는 과제를 살펴보자. 이 과제도, '프로젝트 계획을 개발하고' '이 계획을 승인하고' '연구에 착수하여' '연구를 수행하고' '연구결과를 분석하여' '보고서 초안을 준비하고' '보고서 초안을 평가한 후' '최종보고서를 승인하고' '프로젝트를 평가하는' 일련의 과제 가운데 하나이다. 당연히, '연구에 착수하는' 과제의 경우 그와 관련된 과제(예를 들어, '기획과 시험조사 앙케이트', '연구팀 고용' 등)를 하위 과제로 둘 수도 있다. 중요한 것은 이러한 과제와 하위 과제 모두가 서로 연결되어 업무체계 전체를 이룬다는 점이다. 이 예는 교육부에 있는 연구분석국이라는 기구에서 수행하는 작업체계(work system)이고 이는 교육개혁이라는 기능을 지원한다.

업무체계와 결합된 과제는 구체적인 기능을 지원하고 기록물을 생산하거나 이용한다. 시리즈를 구성하기 위해 아래에서 위로 업무체계를 살펴볼 때, 각 기록물 시리즈를 각각의 과제에 따라 만들 것인지 또는 어떤 과제의 기록물을 하나의 시리즈로 구성할 것인지를 고려해야 한다. 앞서 언급한 예에서 볼 때, 자격지원과 자격승인은 체계상 함께 편철되어야 할 필요가 있다.

어떤 상황에서는, 전체 업무체계의 기록물이 동일한 시리즈로 구성될 수 있다. 앞서 예시

한, 수자원 관리 정책개발과 관련한 송수신문의 경우, 송수신문, 내부 협의사항, 보고서와
정책문안을 정책문서철에 함께 관리하여 그 유래와 접수사항 등 전후맥락을 인지할 수 있도
록 관리하는 것이 타당할 것이다.

통제어 구축

통제어는 왜 중요한가?

통제어는 문서를 분류하거나 문서철과 여러 유형의 기록물을 색인할 때 이용하는 용어를 제한하는 것이다. 이러한 통제가 없으면, 모순되거나 상치되는 용어로 문서철을 분류할 위험이 있다. 이런 경우 시스템 전체가 급속히 붕괴되고 문서철을 이용하고자 하는 요구에 부응할 수 없게 된다.

색인이나 주제어를 통제하는 목록은 정확도를 잃지 않도록 가능한 한 최소한으로 관리한다. 이런 면에서 문서과 담당자와 이용자는 색인어에 정통하게 되고, 신속한 검색으로 문서철의 정보를 좀 더 잘 이용할 수 있을 것이다. 주요 색인의 최대 크기는 500개 정도이고, 여기에 개별 학교, 조직, 부처, 국가 등의 고유명사는 포함되지 않는다.

용어의 형태

1. 색인어는 단일어일 수 있다.
    예) 행정, 위원회, 재정, 비밀
2. 색인어는 두, 세 개 단어로 구성되는 복합어일 수 있다.
    예) 축산(animal husbandry), 마약 정책, 의료 종사자, 공무 위원회
3. 색인어는 구문을 이루거나 여러 개 단어로 구성될 수도 있다.
    예) 자산과 부채, 급료의 균형, 항만과 항구

용어의 선택

통제어로 사용할 용어를 선택하는 것은 중요하다. 외국어(예, 사파리), 무역용어(XEROX, IBM), 고유명사(전국교직원노동조합) 등이 포함될 수 있다.

일반적으로, 은어, 방언, 약어, 두문자(頭文字, acronym)는 쓰지 말아야 하지만, 때로는 불가피할 수도 있다. 예를 들어, 유네스코는 '유엔교육과학문화기구'보다 오히려 더 광범위하게 인지되고 있으므로 약어를 이용한다.

동일한 철자를 사용하나 의미가 다양한 단어를 사용할 때는 주의해야 한다. 예를 들면, 'cell'은 독방, 인간 육체의 세포, 식물 꽃가루 주머니, 배터리 등의 전지일 수 있다. 'duties'는 관세(수출입 세금)나 책무(경찰의 임무)를 말한다. 그러므로 수입관세의 경우 'duties'라는 용어는 온전한 색인어로 이용할 수 없고, 'import duties'가 더 정확하다.

동의어나 유사어를 사용할 때도 주의해야 한다.

> 배와 선박(SHIPS and BOATS)
> 이륜차와 자전거(CYCLES and BICYCLES)
> 차량과 자동차(VEHICLES and CARS)
> 인구조사와 조사(CENSUSES and SURVEYS)
> 서비스여건과 서비스체계(CONDITIONS OF SERVICE and SCHEMES OF SERVICE)

용어의 선별과 용어간의 관련성에 대해서는 아래에서 다룬다.

통제어에서 사용하는 용어간의 관련성

통제어에서 몇몇 용어는 같은 부류(families)로 묶일 수 있고 이러한 부류에 속하는 용어와 다른 부류의 용어간의 관련성은 정리될 수 있다. 다음에 예시하고 있는 것과 같이, 용어간의 관련성은 다양하다.

두 용어가 같은 개념을 나타내는 경우라 하더라도 우선어(preferred term)가 있을 수 있다. 예를 들어, 술(ALCOHOL)은 주류(LIQUORS)보다 더 많이 사용된다. 이 경우, 색인어 LIQUORS 다음에 'Use ALCOHOL'을 기재하여 색인어로 이용할 수 있는 용어라는 것을 알려준다.

- 예)
  - LIQUORS Use ALCOHOL

하나의 색인어는, 그 자체가 색인어가 되지 못하는 몇 개의 협의어를 포괄하는 용어일 수 있다. 예를 들어, 질병(DISEASES)은 전염성질환(COMMUNICABLE DISEASES)과 비전염성

질환(NON-COMMUNICABLE DISEASES)을 포괄한다. 이 경우 DISEASES 다음에 'Used for COMMUNICABLE DISEASES and NON-COMMUNICABLE DISEASES'를 기재하여, DISEASE가 두 개의 협의어 모두를 포괄하는 광의어라는 것을 표시한다.

- 예)
  - DISEASES Used for COMMUNICABLE DISEASES and NON-COMMU NICABLE DISEASES

포괄적인 광의어가 있더라도 여러 협의어를 색인어로 사용할 수 있다. 예를 들면, 가금류 (LIVESTOCK)은 소(CATTLE)와 말(HORSES)보다 광의어인데, 뒤의 협의어도 색인어로 통제어 에 포함된다.

- 예)
  - LIVESTOCK See also CATTLE, HORSES(협의어)
  - CATTLE See also LIVESTOCK(광의어)
  - HORSES See also LIVESTOCK(광의어)

밀접한 관련이 있지만, 광의어나 협의어로 구분할 필요가 없는 경우에는 각각을 색인어로 사용할 수 있다. 예를 들면, 의원(CLINICS)과 병원(HOSPITALS)은 다른 단어이지만 관련이 있다. 이 경우, CLINICS 아래 'See also HOSPITALS'를 넣고 HOSPITALS 아래 'See also CLINICS' 를 기입한다. 그러면, HOSPITALS와 CLINICS의 정보가 연결되는 것을 알 수 있기 때문이다.

- 예)
  - CLINICS See also HOSPITALS
  - HOSPITALS See also CLINICS

다음 표는 용어간의 관련성에 대해 'Use', 'Used for', 'See also'를 사용하는 많은 예를 보여 준다.

사용가능한 용어	우선어
자문위원회(ADVISORY COMMITTEES)	위원회(Use COMMITTES)
규정(REGULATIONS)	법령과 규정(Use RULES AND REGULATIONS)
기계류(MACHINERY)	장비(Use EQUIPMENT)
설비(PLANT)	장비(Use EQUIPMENT)
주류(LIQUORS)	술과 주류(Use ALCOHOL AND LIQUORS)

색인어	포괄하는 주제어
장비(EQUIPMENT)	설비와 기계류 (Used for PLANT and MACHINERY)
청소용역(CLEANING SERVICES)	쓰레기 처리 (Used for GARBAGE and WASTE DISPOSAL)
숙박시설(ACCOMMODATION)	방갈로는 사무빌딩과 통나무집을 포함(BUNGALOWS used for OFFICE BUILDINGS and QUARTERS)
운송수단(TRANSPORT)	전동차, 오토바이, 공무차량(Used for MOTOR CARS, MOTOR CYCLES and OFFICIAL VEHICLES)

색인어	관련어
기아(FAMINE)	재난(See also DISASTERS)
학교(SCHOOLS)	초등학교, 중등/기술학교 (See also PRIMARY SCHOOLS, SECONDARY/TECHNICAL SCHOOLS)
세미나(SEMINARS)	협의회, 업무회합(See also CONFERENCES, WORKING PARTIES)
회의(CONFERENCES)	협의회, 업무회합(See also CONFERENCES, WORKING PARTIES)
업무회합(WORKING PARTIES)	협의회, 업무회합(See also CONFERENCES, WORKING PARTIES)

통제어 구성

　통제어로 포함되는 단어를 선별하는 체계는 매우 조심스럽게 다뤄야 한다. 이는 제1, 2단계와 <부록 7>에서 다룬 것과 같이, 부처와 모든 하위조직의 기능과 책무에 대한 세심한 연구에 기초하여 이뤄진다. 목록을 새로이 마련하는 기관에서는 다른 기관의 승인된 통제어를 참고할 수 있다.

통제어 개발과 확인

1단계
　재구성 프로젝트 팀장을 통제어 편집자로 임명하여 색인어를 선별한다. 팀원은 선택된 통제어가 적절한 용어인지 확인하여 색인어를 모두 알파벳순으로 정렬한다.

2단계
　동의어와 유사어 여부를 확인하여 설명한다.

　예를 들어, 다음의 단어는 관련어가 있다.
　위원회(COMMITTEES), 협의회(CONFERENCES), 협회(COMMISSIONS), 하부위원회(SUB-COMMITTEES), 자문위원회(ADVISORY COMMITTEES), 세미나(SEMINARS), 업무회합(WORKING PARTIES), 워크샵(WORKSHOPS)

　연방기구(COMMONWEALTH ORGANIZATIONS), 국제기구(INTERNATIONAL ORGA-NIZATIONS), 국제연합기구(UNITED NATIONS ORGANIZATIONS)

　병원(HOSPITALS), 의원(CLINICS), 의료센타(HEALTH CENTRES), 개인병원(MEDICAL PRACTITIONERS)

　학교(SCHOOLS), 중등학교(SECONDARY SCHOOLS), 기술학교(TECHNICAL SCHOOLS), 초등학교(PRIMARY SCHOOLS), 종합대학(UNIVERSITIES), 교원대학(TEACHER TRAINING

COLLEGES)

관련어나 유사어를 표현할 때, 광의어나 그 관련성을 설명하는 방법을 고려한다. 예를 들어, 광의어로 여러 관련어를 포현할 수 있으나 이를 규정하는 확실한 규칙은 없다.

3단계

이 단계에서는 애매모호한 영역을 모두 없앨 수 있도록 용어간의 관련성을 확인하여 상호참조와 링크를 표시한다. 동의어나 유사어가 있는 용어 가운데 우선어를 선별할 때는 기록물을 이용하는 사람들이 가장 일반적으로 사용하거나 선호하는 용어를 선별해야 한다. 선별된 용어로 인해 기록물 이용자가 위축되거나 혼란을 겪어서는 안 된다.

또한 여러 협의어를 포괄하는 광의어의 사용에 대해서도 결정한다. 이와 관련하여 정해진 규칙은 없다. 협의어를 자주 이용하는지 그 협의어 자체가 색인어로서 유용한 목적을 달성할 만한지를 파악하여 이를 기초로 결정한다.

반드시 어휘집 안에 있는 단어를 준용하고 중복하여 등록하지 않는다. 고유명사(즉, 단체명, 기관명, 국명, 지명 등)는 철자나 대소문자가 서로 다르므로 한 번 이상 포함시키지 않도록 확실히 해야 한다. 고유명사는 때때로 약어로 사용할 수도 있다. 예를 들어, UNICEF는 유엔국제 아동기금의 약어이다. USA, America, US는 미합중국(the United States of America)보다 선호된다. 이처럼 약어로 통제어를 이용하는 것은, 조직이나 지역에 대한 공식명칭보다 더 친밀하고 폭넓게 사용되는 경우에 한한다.

어떤 단어를 사용할 것인지 결정하면, 우선어와 비우선어의 통제어휘집에 등록한다. 이는 정성스러운 작업으로 조심스럽게 다뤄야 한다. 바꾸고자 하는 단어(correct terms)가 더욱 유용하거나 또는 통용어의 불확실성을 제거할 수 있다면 비우선어를 이 목록에 많이 포함시켜야 할지도 모른다.

통제어휘집에서 상호참조를 결정하는 규칙을 상세히 수립하는 것은 불가능하다. 상호참조는 색인을 잘 활용하지 못하는 이용자에게 매우 유용하다. 그러나 유감스럽게도 이용되는 색인이 너무 크고 두껍다.

술과 주류(ALCOHOL and LIQUORS)를 하나로 사용하기로 하면, 상호참조로 비우선어인 주류(LIQUORS)를 목록에 삽입해야 할지도 모른다.

- 예)
    - LIQUORS Use ALCOHOL AND LIQUORS

만약 통제어휘집 초안에 장비('EQUIPMENT'), 설비('PLANT'), 기계류('MACHINERY')와 관련어를 넣는다면, 아래와 같이, 'EQUIPMENT'를 사용하도록 결정할지도 모른다.

EQUIPMENT	Used for PLANT and MACHINERY
MACHINERY	Use EQUIPMENT
PLANT	Use EQUIPMENT

일련의 관련어는 어휘집의 머리글자를 편집하는 동안 분명히 확인될 수 있지만, 여타 관련성이나 불확실성에 대해서는 색인을 이용할 때, 명확해 질 것이다.

통제어휘집 유지

새로운 용어사용과 도입

시간이 경과하면, 통제어휘집을 변경하거나 새로운 업무나 책무영역을 포괄하는 새로운 단어를 도입해야 할 필요가 있을 것이다. 용어의 변경이나 추가는 기관에서 기록물 관리를 책임지는 선임관리자가 담당한다.

신규 용어를 제안할 때에는, 이미 있을 수 있으므로 중복되지 않도록 조심스럽게 확인한다. 예를 들어, 가뭄(DROUGHT)은 재해(DISASTERS)를 이미 사용하고 있는 상황에서 새로운 용어로 제안될 수 있다. DROUGHT를 새로운 키워드로 도입하거나, 우선어인 DISASTERS 아래에 DROUGHT를 포함시키든 이에 대해 상호참조를 달아야 한다.

- 예)

DROUGHT	Use DISASTERS
DISASTERS	Used for FAMINE, FLOOD, DROUGHT, EARTHQUAKES 또는
DROUGHT	See also DISASTERS

대안으로, 새로운 업무나 확대된 업무를 포괄하기 위해서 기존에 있는 관련어와 신규 용어를 대등하게 연결할 수도 있다. 예를 들어, 병원(HOSPITALS)을 병원과 의원(HOSPITALS and CLINICS)으로 확장시킬 수도 있다. 이는 용어간에 관련되거나 겹치는 부분이 있으므로, 'CLINICS' 영역의 관련 기록물을 'HOSPITALS'아래 색인할 수 있기 때문이다.

여분의 키워드

　기관의 업무는 결코 안정적이지 않다. 특정 시기에 중요한 활동이 나중에 덜 중요해지거나 무시될 수도 있다. 기관에서 변경된 조직이나 수행되고 있던 프로젝트도 변화될 것이다. 이런 일이 발생할 때, 조직이나 프로젝트를 기술하기 위해 사용된 용어는 더 이상 활용되지 않을지도 모른다. 따라서 통제어휘집은 정기적으로 제외되었던 여분의 용어를 재평가해야 한다.

자료관이관기록물목록

자료관이관기록물목록

연번_____

기관_____   코드_____

부서_____   이관기록물위탁번호_____

문서과_____

처리행위범주(폐기, 재평가, 영구)_____
                              자료관에서 기재

박스 번호	기록물명/ 내용	참조 번호	수록기간	처리일자	자료관서가번호

프로젝트 관련 기록물

자료관에 보낼 프로젝트 관련 기록물 목록

- 송수신문과 문서철 목록
- 갠트t 차트
- 팀 관련 노트
- 조사서
- 인터뷰 노트
- 기관업무의 논리적 구성도(flow charts)
- 기관 관련 참고자료
- 프로젝트 단계별 보고서
- 프로젝트 최종 보고서
- 보존일정표
- 기록물폐기서

문서과의 업무수행도 측정

문서과의 업무수행도 측정

업무수행도를 측정하면 다음 사항에 도움이 된다.

- 업무수행도가 높아지거나 떨어지는 것을 모니터링하면 조기에 문제를 확인할 수 있다.
- 장비, 설비, 인력을 확충(또는 감축)해야 하는 경우에 지원을 받을 수 있다.
- 목표 진척사항이나 달성도를 평가하는 수단이 된다.
- 얼마나 재원을 잘 사용하였는지 보여줄 수 있다.
- 직속 상위 관리자에게 정보를 제공할 수 있다.
- 성과 공표자료로 제공하여 문서과의 위상을 제고할 수 있다.

업무수행도를 측정하면 재구성된 문서과에 대한 기초정보를 확보하는데 주요하다. 그러나 통계를 수집하는 것 자체가 목적은 아니다. 통계는 수집비용보다 효율성과 유용성이 있어야 한다. 정보를 수집하는 목적을 문서과 담당자에게 조심스럽게 설명하고, 담당자는 정보의 정확성과 신뢰도를 제고하는데 도움을 주어야 한다.

도해할 때에는 항상 설명을 달아야 한다. 그렇지 않으면 선임관리자가 잘못된 결론을 내릴 수도 있다. 조사팀에서는 이상하리만치 일관된 도표나 업무수행에서 설명되지 않는 큰 변화양상을 확인한다.

업무수행도를 측정할 때는 문서과의 모든 주요 과제를 대상으로 다음 사항에 대해 평가한다.

- 효율성
- 부서 지출
- 유효성
- 업무자의 이용도
- 업무성과
- 정확성
- 서비스의 질

일정 기간동안 다음의 사항을 수합하여 도해한다.

- 신규 문서철의 수량
- 문서철 검색에 소요되는 시간
- 편철된 문건의 수량
- 이용자 질문에 답한 수
- 대출예약 처리건수
- 문서철 인수인계건수
- 전문 수발신 처리건수

이러한 데이타가 수합되면, 간단한 비율이나 수행척도로 효율성, 적시성, 서비스의 질 등을 구분하여 설명할 수 있다. 예를 들어, 다음 사항은 업무수행의 기준을 세우거나 비교대상을 정하는데 유용하다.

- 매일 질문에 답한 건수
- 우편물 폴더의 회람에 소요되는 시간

ㄱ~ㅎ

현용기록물 관리체제의 재구성 : 업무편람

옮긴이　고 선 미
감　수　한국국가기록연구원
펴낸이　조 현 수
펴낸곳　도서출판 진리탐구

초판 1쇄　인쇄 2004년 11월 10일
초판 1쇄　발행 2004년 11월 15일

주소　(121-040) 서울시 마포구 도화동 36번지
　　　　　　　고려아카데미텔Ⅱ 1320호
전화번호　02) 703-6943, 4
전송번호　02) 701-9352

출판등록일　1993년 11월 17일
출판등록번호 제 10-898호

ISBN　89-8485-098-5